Bruck an der Mur

Ein alter Rechnungszettel, verwendet im Gasthof „Zum Schwarzen Adler“, mit rückseitigem Werbeaufdruck der Spezereihandlung Franz Schnoeller in der Mittergasse 23.

Puppenwagen, Sport . . . . **6·50**
Brennabor . . . . **22·—**
Küchen, eingerichtet, S 20·—, 10·— . . . . **7·—**
Herde, S 10·—, 4·—, 3·—, 2·— . . . . **1·—**
Waagen, Kaffeemühlen, Bestecke, Kehrgarnituren
Blechgeschirr im Karton, S 1·20, —·90 . . . . **—·60**
Besseres Blechgeschirr u. Porzellan, S 5·—, 3·50, **2·—**
Puppenmöbeln wie: Kasten, Betten, Tischgarnituren etc.
Nähmaschinen, S 25·—, 12·—, 7·50 . . . . . **5·60**
Bären, S 7·80, 5·—, 3·60, 2·40, 1·80 . . . . . **1·—**
Hunde, Hasen, Katzen, Affen, Eseln, Dackeln

Gesellschaftsspiele aller Art, Serien zu S 4·80, 2·80, 1·80, —·95 . . . . **—·70**
Mensch, ärgere dich nicht, S 2·20 . . . . . . **1·50**
Halma, Schach, Tisch-Tennis, Tombola etc.
Steinbaukasten, S 6·50, 4·—, 2·50, 1·80 . . . **1·30**
Holzbaukasten, S 2·—, 1·70, 1·10, —·96 . . . **—·80**
Bilderkubusse, S 4·20, 3·60, 2·50 . . . . **1·50**
Ausnäharbeiten, Flechten etc.
Zeichnen- und Malspiele, Farbstifte
Rechnenmaschinen, S 2·—, 1·30 . . . . **—·80**
Bilderbücher, S 4·—, 3·—, 2·—, 1·— . . . . . . **—·50**

Alle Gummi-Spielwaren, Kinder-Fahrräder, Bubiräder, Trittroller, Holländer, Autos, Schaukelpferde, Schultafeln, Kinderschreibpulte, Zimmer-Turngeräte

Dieses und vieles andere biete ich Ihnen ebenso preiswert
Daher unter dem Weihnachtsbaum Spielwaren aus dem

Warenhaus Karl Pichler

vormals Josef Opferkuch

Bruck a. d. Mur

Interurb. Telephon Nr. 149

Druck Hermann Schmezzeck & Co., Bruck a. d. M.

Im Jahr 1931 eröffnete Alexander Hammerschmid seine Radiohandlung in der Pischker Straße 7 und kündigte dies mit diesem Plakat in der Stadt an.

Friedrich Zwitkovits

Bruck an der Mur

Handwerk, Handel und Gewerbe in alten Fotografien

SUTTON

Spenglermeister Anton Lenhardt warb mit dieser Karte für seine Spenglerei und Dachdeckerei in der Wiener Straße 31. Das Haus hatte sein Vater Johann Lenhardt bereits 1884 erworben.

Vorsatz: Eine Preisliste des Warenhauses Karl Pichler in der Mittergasse 11/Burggase 2 für Weihnachten 1929.
Nachsatz: Werbekarte des Fotostudios Johann Leitner am Hauptplatz 22, um 1900.

Impressum
Sutton Verlag GmbH
Arnstädter Straße 8
99096 Erfurt
www.suttonverlag.de

ISBN: 978-3-96303-289-9
Druck: Florjančič Tisk d.o.o. / Slowenien
Gestaltung und Herstellung: Sutton Verlag

In diesem Buch wird aus Gründen der besseren Lesbarkeit das generische Maskulinum verwendet. Weibliche und anderweitige Geschlechteridentitäten werden dabei ausdrücklich mitgemeint, soweit es für die Aussage erforderlich ist.

Inhalt

Einleitung

Die erste urkundliche Erwähnung von Bruck an der Mur stammt aus dem Jahr 860 und lautet „ad pruccam". Der Name verweist darauf, dass bereits eine Brücke über den Fluss existierte. Daraus lässt sich ableiten, dass schon früh eine wichtige Verkehrsverbindung am Schnittpunkt von Handelsstraßen vorhanden war. Die besondere Lage an zwei Flüssen machte die Entwicklung Brucks zu einem bedeutenden Handelsplatz möglich.

Friedrich II. aus dem Geschlecht der Babenberger, Sohn von Leopold VI., erkannte Bruck frühzeitig als wichtige Stadt an den Handelswegen. Privilegien brachten die meisten Städte zum Aufblühen. Bruck erhielt von Friedrich II. das Privileg, dass zwischen Rottenmann und Bruck nur in Bruck eine „Salzniederlage seyn sollte, und nur hier Salz in Kufen gestoßen werden durfte". In einer Urkunde, datiert „Wien, 25. August 1277", bestätigte König Rudolf alle bisher verliehenen Privilegien. Im Jahre 1320 bewilligte der Nachfolger Rudolfs, der zum deutschen König gewählte Friedrich III., den Bruckern einen Jahrmarkt am Sankt Martinstage mit allen Freiheiten der Grazer und Leobner Jahrmärkte. Somit ist der Martinimarkt der älteste Markt. Herzog Albrecht II. erteilte den Bürgern von Bruck die Bewilligung, „Das Sy drey Pierprewer haben sollen".

Bis ins frühe Mittelalter war es allein das Recht der Klöster, Bier zu brauen. Durch das Aufblühen von Städten im Laufe des Mittelalters entwickelte sich das Brauen von Bier zu einem eigenen Handwerkszweig. Aufgrund der Einführung einer Biersteuer oblag es nun der Landesobrigkeit, Brauereiberechtigungen zu vergeben. Die drei in Bruck bewilligten Bierbrauer waren der „Oberbräuer" in der Leobnergasse (heute Dr.-Theodor-Körner-Straße 7), der „Mitterbräuer" in der Wienergasse (heute Herzog-Ernst-Gasse 11, das Brauereirecht wurde nach dem Stadtbrand 1792 auf das Haus Mittergasse 24 übertragen) und der „Unterbräuer" in der Grazergasse (heute Roseggerstraße 27). Mit Urkunde vom 3. März 1364 erlaubte Herzog Rudolf IV., zur Herstellung der Brücken der Stadt, von beladenen Wagen und von Saumrossen, die die Brücke überquerten, Maut einzuheben. Zu Beginn des 14. Jahrhunderts wurde in unserer Stadt regelmäßig ein Wochenmarkt abgehalten, Herzog Albrecht verlegte diesen per Urkunde vom 23. Oktober 1387 vom Freitag auf den Montag.

Diese Rechte und Freiheiten hatten einen wesentlichen Anteil daran, dass das Ansehen von Bruck als bevorzugter Handelsplatz rasch zunahm. Bruck, am Schnittpunkt zweier Flüsse gelegen, kam oftmals durch Hochwasser zu Schaden. Kaiser Friedrich bewilligte daher im Jahr 1461 einen zusätzlichen Jahrmarkt am Sonntag vor Pfingsten, der die Kosten für die Reparaturen einbringen sollte. Zu Beginn des 16. Jahrhunderts erlaubte König Maximilian den Brucker Knittl-, Schrotten-, Sensen-, Klingen- und Messerschmieden, das bestehende Stadtwappen auf ihre Waren zu schlagen.

Viele kleine Feinkostgeschäfte gab es jahrzehntelang im gesamten Stadtgebiet, in denen sich die Bevölkerung mit den notwendigsten Lebensmitteln eindecken konnte. Hier eine Aufnahme der Fleischhauerei der Familie Janker in der Bergstraße (links Ferdinand Hauer sen.).

Verheerende Brände vernichteten oftmals Teile unserer Stadt. 1792 traf Bruck der schwerste Schicksalsschlag. Am 3. September brach im Hause des Sattlermeisters Johann Schmitt (heute Koloman-Wallisch-Platz 16) ein Brand aus, der sich über die ganze Stadt ausbreitete und sämtliche Häuser teilweise oder gänzlich einäscherte. Es dauerte Jahrzehnte, bis sich Bruck von dieser Katastrophe erholen konnte. Der Bau der Eisenbahnlinie von Wien nach Triest brachte der Stadt wieder einen wirtschaftlichen Auftrieb. Durch die Industrialisierung siedelten sich große Firmen hier an und nützten wiederum die günstige Lage am Schnittpunkt der Verkehrswege. Technische Neuerungen veränderten schon um die Wende zum 20. Jahrhundert das Stadtbild wesentlich. Auch in Zukunft wird der technische Fortschritt die Wirtschaft entscheidend beeinflussen. Die Geschichte zeigt uns, dass durch eine für die Allgemeinheit glückliche Lösung eines Problems im Laufe der Zeit unvermutet ein neues Problem entstehen kann, das es in der Folge zu lösen gilt. „Die gute alte Zeit" – war sie wirklich so gut, wie es der Ausspruch vermuten lässt? Jede Generation sieht und erlebt ihre Zeit stets mit eigenen Augen. Die industrielle Revolution hat das Weltbild wesentlich verändert, was wird uns die digitale Revolution noch alles bringen?

Ich wünsche allen Lesern meiner Bücher, ob Jung oder Alt, viel Vergnügen beim Schmökern und beim Erinnern, wie es einmal war.

Blick auf den Minoritenplatz Mitte der 1920er-Jahre, links das Hotel „Zum Schwarzen Adler", rechts das „Kaffee Austria". Am Minoritenplatz hatten die Busse der Brucker Verkehrsgesellschaft ihren Standplatz.

1

Handwerk hat goldenen Boden

Ob Kürschner, Zinngießer, Nagelschmied, Seiler, Lederer, Bohrerschmied, Bürstenbinder, Hafner, Feilenhauer, Ringel- und Kettenschmied, Fassbinder, Färber, Leinweber, Hutmacher, Hufschmied, Kammmacher, Seifensieder oder Lebzelter – all diese Handwerker übten einst ihr Gewerbe in Bruck aus.

Kaiserin Maria Theresia ordnete 1770 die planmäßige Erfassung aller Häuser jedes Ortes an, dabei wurden Konskriptionsnummern vergeben. Bruck war zu dieser Zeit in fünf Viertel eingeteilt und wies 152 Häuser auf. Es gab es auch schon Gassen, die nach den Handwerkern benannt waren, die in diesen ihr Gewerbe ausübten.

1591 wird die „Schöffgasse“ in Urkunden genannt, 1746 als „Schiffahrtsgasse“, zeitweise wurde sie als „Khueffergasse“ bezeichnet, weil Küffer (Fassbinder) hier ihre Werkstätten hatten. Im Jahr 1900 wurde die allgemeine Gassen- und Straßenbezeichnung eingeführt. Seitdem trägt sie die Bezeichnung „Schiffgasse“.

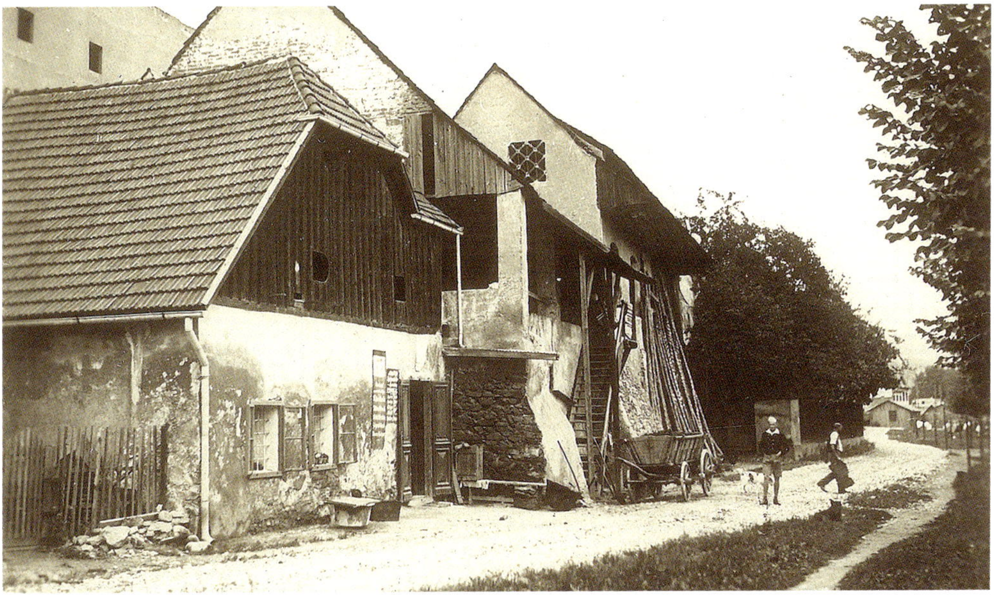

Der Uferweg zwischen der Mur und der ehemaligen Stadtmauer wurde 1925 „Linker Murkai“ genannt. Seit 1934 nennt man diesen Weg „Schiffländ“, eine Bezeichnung, die sich auch in alten Urkunden findet. Ende der 1880er-Jahre wurde das Schifftor abgetragen.

Um 1628 wird in dem Haus rechts im Wiener Viertel Ulrich Mayr als erster „Kupferschmitt" in Bruck genannt. Bis zum Jahr 1860 wurde das Handwerk hier ausgeübt. Joseph Zollner war der letzte bürgerliche Kupferschmiedmeister. Um 1900 noch als „Hohenmarktgasse" bezeichnet, wurde die Gasse 1934 in Kupferschmiedgasse umbenannt.

Die Verbindungsgasse links vom Hauptplatz zum Murkai, heute Ringelschmiedgasse, führte im Laufe der Zeit mehrere Namen. Einst „Der Färber auf der Stiegen" genannt, hatten auch Fleischhauer und Ringelschmiede hier jahrzehntelang ihre Betriebsstätten. Am Ende der Gasse befand sich jahrhundertelang die „Badstube", in der ein Bader seinen Beruf ausübte.

In der kleinen Gasse von der Mittergasse zur Roseggerstraße waren bis in die 1870er-Jahre „Khörzenmacher und Saiffensieder" angesiedelt. Kurzzeitig als „Quergasse" bezeichnet, wurde 1934 wieder der Name „Seifensiedergasse" eingeführt.

Das Schiff- und das Leobnertor verband einst ein schmales Gässchen, dessen Name ebenfalls von den Handwerkern abgeleitet wurde, die hier arbeiteten. Schon 1798 wurde es „Nagelschmiedgasse" genannt. Bei der allgemeinen Straßenbezeichnung 1900 wurde es als „Enge Gasse", ab 1934 wiederum als „Nagelschmiedgasse" bezeichnet.

Schon in der Steinzeit kannte man die Verarbeitung von Tierhäuten. Im Mittelalter entstanden in allen größeren Städten Lederwerkstätten. Die Herstellung von Leder war stets mit unangenehmen Gerüchen und giftigen Chemikalien verbunden. Am Murkai war bis Mitte der 1920er-Jahre die Lederfabrik Friedrich Lierk beheimatet.

Zu Beginn des 17. Jahrhunderts wird ein „Löderer" in Bruck genannt. Es gab das „Lederer-Törl", ein kleines Stadttor am Ende der Verbindungsgasse von der heutigen Roseggerstraße zum Murkai. Zu befahren war das „Muhrgäßl beim Gärtl des Lederers" nur mit Zugkarren, Pferde- und Ochsengespanne waren verboten.

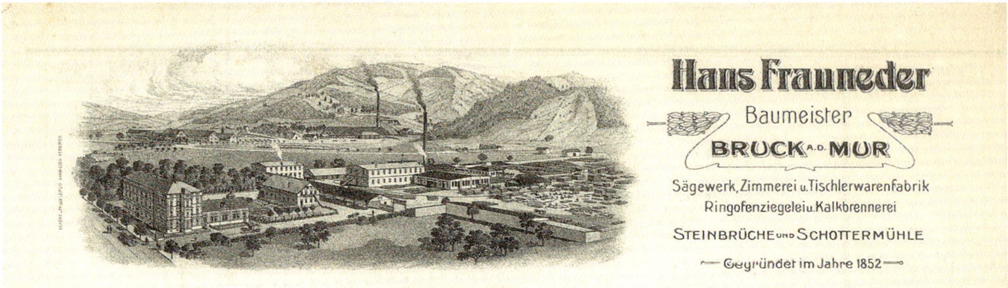
Hans Frauneder
Baumeister
BRUCK A. D. MUR
Sägewerk, Zimmerei u. Tischlerwarenfabrik
Ringofenziegelei u. Kalkbrennerei
STEINBRÜCHE UND SCHOTTERMÜHLE
Gegründet im Jahre 1852

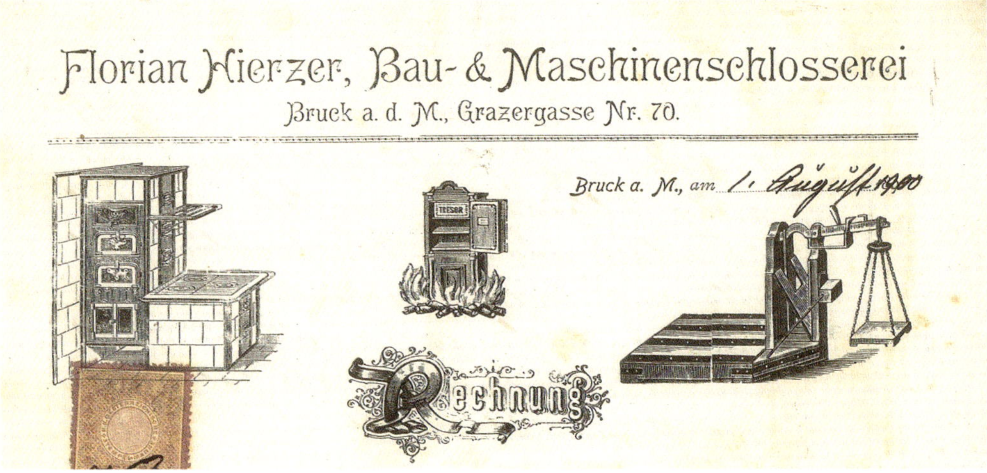
Florian Hierzer, Bau- & Maschinenschlosserei
Bruck a. d. M., Grazergasse Nr. 70.
Bruck a. M., am 1. August 1900
Rechnung

Franz
LANGBAUER ~~& Co.~~
Motorräder, Fahrräder, Nähmaschinen, Grammophone
en gros und en detail
Eigene mechanische Reparatur-Werkstätte
Mittergasse 13 BRUCK A. D. MUR Mittergasse 13
Bruck a. d. M., 30. 4. 1912

FRANZ KADLETZ
SATTLER UND TAPEZIERER BRUCK a. d. MUR.
Folio 20,
BRUCK a. d. M., am 16. I. 1913

Viele der einstigen Handwerksfirmen sind so manchen von uns nur noch vom Hörensagen ein Begriff, denn sie existieren seit Jahrzehnten nicht mehr.

Im Laufe der Jahrhunderte wurde fast in jedem Haus innerhalb der Stadtmauer ein Handwerk ausgeübt. Wenn der Hausbesitzer starb, wurde der Betrieb oftmals an die Kinder vererbt oder die Witwe heiratete einen Gesellen oder Meister von auswärts, der den Betrieb weiterführte.

Blick vom Hauptplatz Richtung Westen in die Leobnergasse (heute Dr.-Theodor-Körner-Straße). Im ersten Haus rechts übte ein Bäcker über 300 Jahre sein Handwerk aus, bis das Gebäude 1945 durch einen Bombentreffer zerstört wurde. Das Haus links davon ist als einziges von diesem Ensemble noch erhalten.

Im einstigen Gasthof „Zum Oberbräuer“ in der Leobnergasse 20 (heute Dr.-Theodor-Körner-Straße 7) wurde mehr als 200 Jahre lang Bier gebraut, bis der Baumeister Andreas Forabosco das Haus im Jahr 1891 kaufte. 1894 wurde der Tischlermeister Johann Haberl Besitzer dieses Hauses.

Bis 1912 war im Haus des „Färbers auf der Stiegen“ am Hauptplatz Nr. 12 die Spenglerei Lenhardt untergebracht, die dann in die Mittergasse 20 übersiedelte.

Handwerk hat seit Jahrhunderten den sprichwörtlichen goldenen Boden und wurde in Bruck oft über mehrere Generationen im selben Haus betrieben.

Mit Beginn der Industrialisierung Mitte des 19. Jahrhunderts verschwanden rasch kleine Hammerwerke, Nagel- und Ringelschmiedwerkstätten.

Die Anbindung an das Eisenbahnnetz 1844 machte Bruck in den folgenden Jahrzehnten für die Ansiedlung größerer Betriebe attraktiv.

Die Entwicklung des Automobils ließ so manchen Einkehrgasthof für Pferdefuhrwerker verschwinden. Neue Handwerker siedelten sich an, so kaufte 1896 der Tapezierer Franz Kadletz aus Mährisch Krumau das einstige Sattler- und Wirtshaus in der Wienergasse 120, heute Herzog-Ernst-Gasse 14.

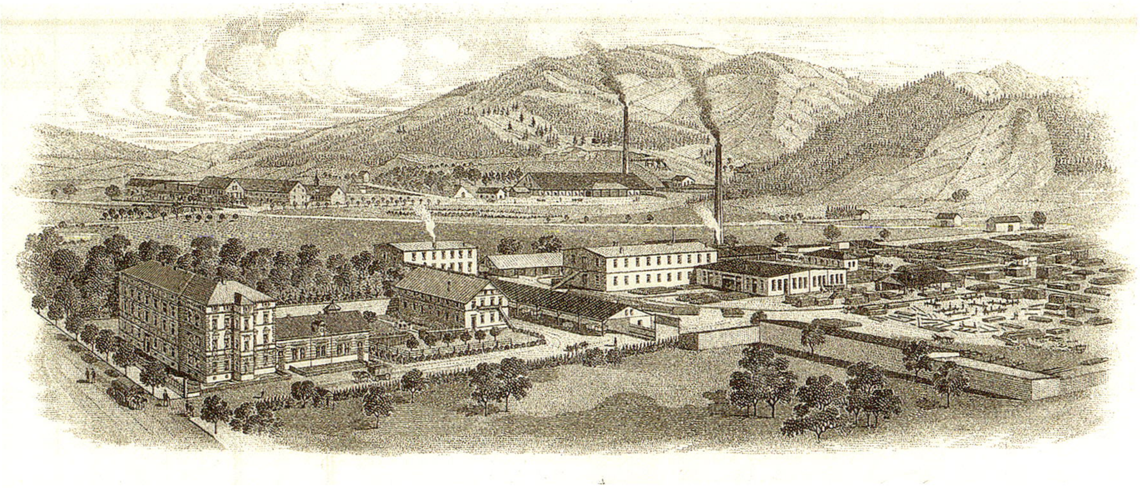

Der allgemeine Bauboom während der Gründerzeit ging auch an Bruck nicht spurlos vorüber. Der steirische Baumeister Hans Frauneder gründete 1852 seine Baufirma und übernahm einen Ziegelofen im Urgental.

Dieser Ziegelofen bestand bis weit ins 20. Jahrhundert (rechts oben). Durch die Errichtung eines neuen Ringofens wurde die Produktion von Ziegeln erhöht, sodass der Bedarf einigermaßen gedeckt werden konnte.

◂ Im unteren Teil linksseitig in der Wienergasse befanden sich einige Handwerksbetriebe, die im Laufe der Zeit nicht mehr im Stadtbild aufschienen: Siebmacher, Hackenschmied, Melbler, Weber.

Trotz der Ausstattung mit modernster Technik war noch immer viel händische Arbeit notwendig. Diese Aufnahme zeigt die Belegschaft des Ziegelofens im Urgental zu Beginn des Zweiten Weltkrieges.

Der Baumeister Forabosco besaß ebenfalls einen eigenen Ziegelofen, und zwar in der Laming. Links im Hintergrund ist der Ziegelofen mit Auffahrtsrampe zu sehen, rechts ein Ziegelteich.

Ein Handwerksbetrieb der besonderen Art wurde 1925 in Bruck gegründet. Klara und Rudolf Eichler errichteten in der Erzherzog-Johann-Gasse eine Korbflechterei. Der Bau und auch der Umbau der Betriebsstätte im Jahr 1949 wurden mit vereinten Kräften durchgeführt.

Korbwaren aus Bruck beherrschten im Laufe der Zeit nicht nur den steirischen Markt, sondern wurden auch in viele Länder Europas und in die Vereinigten Staaten geliefert.

Der Betrieb wurde stets als Familienbetrieb geführt. In der Bildmitte (mit Brille) die Gründerin Klara Eichler. Ihr Schwiegersohn, ein gelernter Schlosser, entschied sich 1955 in die Firma einzutreten und legte 1959 die Meisterprüfung ab.

Das Handwerk des Schuhmachers war auch nach Einführung der maschinellen Schuhproduktion ein notwendiger Berufszweig. Bis zum Beginn des 20. Jahrhunderts gab es Störschuster, Meister, die mit einem Lehrling in ländlichen Gebieten von Hof zu Hof zogen.

Die Brüder Hofmann betrieben in der Schiffgasse ihre Schusterwerkstätte und verfügten über einen großen Kundenkreis. Norbert Hofmann war noch bis in die 1990er-Jahre Tag für Tag in seiner geliebten Werkstätte tätig.

Karl Sauruk übernahm nach dem Tode seines Vaters 1906 die elterliche Bäckerei am Minoritenplatz und betrieb neben einer Gastwirtschaft, nach dem Ankauf eines elektrischen Backofens 1912, die erste Elektro-Bäckerei der Monarchie.

2

Handel und Industrie im Wandel der Zeit

Bruck ist seit jeher eine Kleinstadt mit vielen unterschiedlichen Gewerben, wovon die teilweise noch vorhandenen Gassennamen zeugen. Über die Jahrhunderte gab es einen steten Wandel in der Struktur der verschiedenen Handelssparten.

Die günstige Lage am Schnittpunkt zweier Flüsse und von drei Tälern war ein gewichtiger Grund, dass Menschen hier sesshaft wurden.

Herzog Albrecht bewilligte 1347 „Das Sy drey Pierprewer daselbst zu Pruckh haben sollen". Einer davon war der „Mitterbräuer", im 20. Jahrhundert der Gasthof „Zum Goldenen Löwen". ▸

Das rasche wirtschaftliche Aufblühen nach der Gründung beruhte auf erhaltenen Privilegien und Rechten. So bewilligte der Habsburger König Friedrich der Schöne der Stadt Bruck bereits 1320 die Abhaltung eines Jahrmarktes „alle jar zu Sankt Mertenstag". Diese Tradition des Martinimarktes wird heute noch gepflegt.

Die Eltern von Clara Barbolani betrieben am linken Mürzufer eine gutgehende Kunstmühle. Die reiche Wasserkraft der Mürz ermöglichte auch den Betrieb einer neuen Zellulosefabrik. Angeschlossen war eine eigene Schwarzbäckerei mit großem Verkaufsgeschäft.

Carl Barbolani war der letzte „Mitterbräuer" und erbte das Haus in der Mittergasse 97 von seiner Mutter im Jahr 1863. Hier ist er mit seiner Gattin Clara, geborene Brunegger, und seinen Kindern zu sehen.

Bis Ende des 19. Jahrhunderts reiste man großteils in Kutschen. Damit verbunden waren viele Handwerker und Handelsbetriebe, die heute nicht mehr existieren. Für Pferde und Menschen gab es in jeder Stadt zahlreiche Einkehrgasthöfe und gastfreundliche Übernachtungsmöglichkeiten.

BACKHAUS.
WALZEN-KUNST-MÜHLE
Brunegger's Kunstmühle, Holzstofffabrik und Schwarzbäckerei in Bruck a. M.
7350

Bruck a. M.
CAFE AUSTRIA

◂ Bis ins 17. Jahrhundert lässt sich der Gasthof „Zum Schwarzen Adler“ als Einkehrgasthof zurückverfolgen, er ist damit einer der ältesten in unserer Stadt.

Mit der Erfindung der Dampfmaschine und schließlich mit der Eröffnung der Bahnlinie Mürzzuschlag–Graz änderte sich auch in Bruck der Bedarf an diversen Handwerkern und Händlern.

◂ Gleich gegenüber, heute Minoritenplatz 3, eröffnete um 1800 ein Huf- und Kurschmied seine Werkstätte.

Als letztes wurde das vierte Stadttor, das Leobnertor, abgetragen, ebenso drei Häuser vor dem Tor, um Platz zu schaffen für den Neubau einer Volksschule in der damaligen Leobnergasse. ▸

Nicht nur im öffentlichen Leben gab es große Veränderungen, auch das Stadtbild selbst wurde geprägt von vielen Erneuerungen. Mehr als ein halbes Jahrhundert nach dem großen Stadtbrand 1792 wurden ein Großteil der Stadtmauern und drei Stadttore geschleift.

Auch die Schiffländ, einst für die Lederer und Seiler vorbehalten, wurde begradigt und verbreitert. ▸

Buchdruckerei Hermann Smrczek & Co.
No 87

Bis Anfang des 20. Jahrhunderts entstammten viele Gewerbetreibende meist angesehenen Bürgerfamilien. Namen wie Schilcher, Racher, Littmann, Micelli, Etzer, Barbolani, Brunegger und Till findet man als Hausbesitzer in der Mittergasse.

1881 bekam der Gendarmeriebezirkswachtmeister in Gröbming Hermann Smrczek den k.k. Tabak-Hauptverlag in der Leobnergasse 3 verliehen.

Jacob Veith, Schriftsetzer der Buchdruckerei Kienreich in Graz, kaufte das Haus in der Mittergasse 88 im Jahr 1820 und richtet hier eine eigene Druckerei ein (drittes Haus von rechts). 1881 ersteigerte der Buchdrucker Karl Jilg das Haus rechts daneben, 1890 erwarb Hermann Smrczek die Druckerei.

◂ 1906 genehmigte die Gewerbebehörde zu der Druckerei auch eine Buchbinderei, die jedoch in einem eigenen Haus untergebracht wurde. Fünf Jahre später bot sich die Möglichkeit, den Rudolfshof der Kaufmannswitwe Albine Steiner in der Wienergasse 1 zu erwerben.

Kaum zwei Jahre später brach der Zweite Weltkrieg aus. Der erhöhte Drucksortenbedarf der Industrie und des Handels konnte dank des Einsatzes neuester Technologie in der Druckerei bewältigt werden.

◂ Das Haus wurde großzügig umgebaut, sodass sich schon im September 1912 durch das Zusammenziehen der Setzerei, Druckerei und Buchbinderei an einen Standort ein effektives und vor allem kostengünstiges Arbeiten im neuen „Gutenberghof" bewerkstelligen ließ. Diese Aufnahme zeigt die alte Setzerei.

Der Holzreichtum in unserem Bundesland, im Besonderen auch die ausgedehnten Wälder rund um Bruck, veranlasste die papiererzeugende Industrie, sich hier niederzulassen.

Der Name „Holzgraben" deutet darauf hin, dass hier schon seit jeher Holz geschlägert, aber auch zum Abtransport gelagert wurde.

Als Nebenprodukt der Holzverarbeitung fiel eine große Menge Fichten- und Eichenrinde an, die, zerkleinert in der Lohstampfe im Weitental, die für die Lohgerberei notwendigen pflanzlichen Gerbmittel lieferte.

Im gleichen Jahr als Hermann Smrczek der Ältere den Tabakhauptverlag in Bruck verliehen bekam, verlegte Moritz Diamant seine Mürztaler Holzstoff- und Papierfabrik von Deuchendorf nach Bruck.

Schon nach wenigen Jahren konnte die tägliche Produktion von mehr als zehn Tonnen Papier erreicht werden. Jedoch gab es immer wieder Rückschläge durch eine teilweise Vernichtung der Anlage durch Feuer, so in den Jahren 1904 und 1933. ▸

Die günstige Lage am Schnittpunkt dreier Täler, der Wasserreichtum und die Anbindung an das Eisenbahnnetz waren für Diamant die wesentlichen Vorteile, sich in Bruck zu etablieren.

Die Eisenhämmer und kleine Eisenwerke, einst in den Seitentälern der Mürz beheimatet, wurden im Laufe der Zeit stillgelegt. Als 1844 die Eisenbahnlinie Mürzzuschlag–Graz eröffnet wurde, brachte diese neue Verkehrsverbindung für große Firmen wesentliche Transportvorteile.

Um 1900 erweiterten die aus Köln stammenden Gebrüder Theodor und Max Guilleaume ihr österreichisches Unternehmen und erwarben die Eisenwerke in Bruck und Diemlach. Hauptsächlich wurden in Bruck zu dieser Zeit Draht und Drahtstifte produziert. ▸

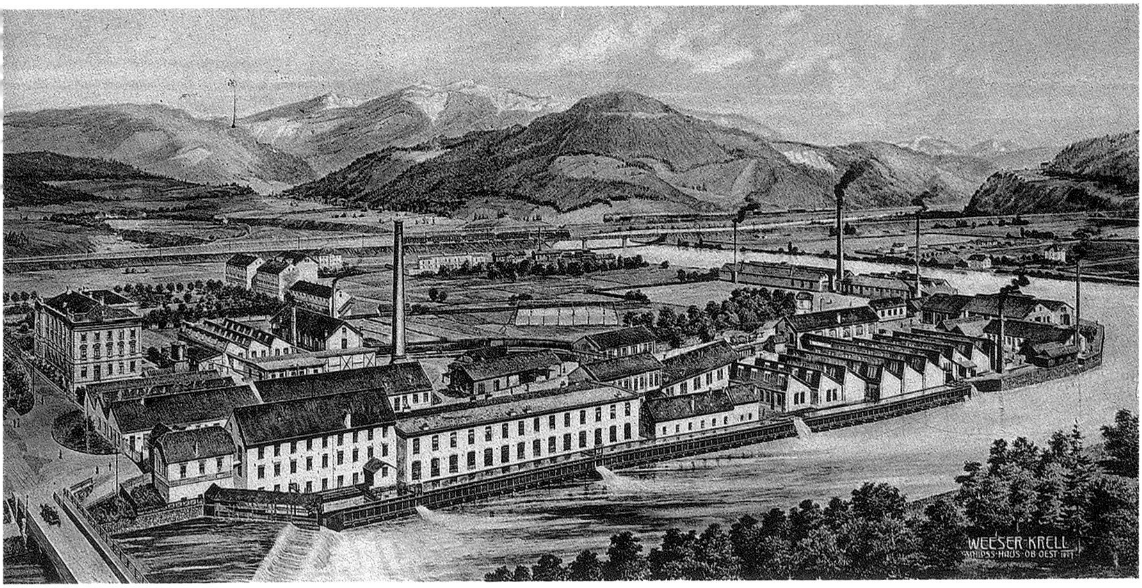

Friedrich Bruno Andrieu kaufte 1867 den Mürzhammer von Christoph Ulrich und begründete die Eisen- und Drahtwerke. Seine Söhne errichteten 1886 in Diemlach ein Stahlwerk.

Die Produktion im Werk Bruck konnte von Jahr zu Jahr gesteigert werden, waren doch die technischen Anlagen auf dem neuesten Stand. Hier wurde der Hauptanteil der österreichischen Gesamterzeugung an Eisen- und Stahldrähten sowie Drahtstiften und Nägeln hergestellt.

1906 wurde die Grazer Draht- und Stiftenfabrik der Alpine Montangesellschaft übernommen. Damit war die Felten & Guilleaume AG zusammen mit den Werken in Wien und Bruck das größte Draht- und Stiftenwerk Österreichs.

Bereits 1910 wurde zur Verbesserung der Materialzulieferung, vom Bahnhof abzweigend, ein eigenes Zubringergleis in der Bahnhofstraße ins Werk verlegt.

Der Materialtransport wurde mittels einer werkseigenen Elektrolok durchgeführt. Bis in die 1970er-Jahre gab es vor der Einfahrt ins Werk eine Drehscheibe, auf der die Waggons einzeln zum Weitertransport umgelenkt wurden.

Waren alle Waggons umgelenkt, wurden sie mit der Lok weiter auf das Werksgelände befördert.

Jahrzehntelang wurde der Materialtransport vom Bahnhof ins Werk Tag für Tag ohne besondere Vorkommnisse durchgeführt. In den frühen Morgenstunden des 17. Mai 1972 kam es zu einem tragischen Zwischenfall.

In der Nacht wurden im Bahnhof bereitgestellte Waggons, voll beladen mit schweren Drahtrollen, auf dem Werksgleis abgelassen. Aufgrund technischen Gebrechens der Bremsanlage entgleisten die Waggons, ein Teil zerstörte zwei Verkaufsgebäude in der Bahnhofstraße, zwei Waggons stürzten in die Mürz. Es entstand enormer Sachschaden.

Am 24. Oktober 1844 wurde der Bahnhof Bruck eröffnet. Mit dem Bau der Strecke über den Semmering wurde vier Jahre später begonnen und im Juli 1854 der reguläre Zugbetrieb von Wien nach Triest aufgenommen. ▸

Erst die technischen Erfindungen im 19. Jahrhundert ließen strategisch gut gelegene Städte ständig wachsen. 1844 wurde die Bahnlinie Mürzzuschlag–Graz dem Verkehr übergeben, 1868 die Bahnlinie nach Leoben.

Spedition u. Möbeltransport
WITHALM

◂ Mit der Bahn war es nun auch leichter und schneller, Waren zu transportieren. Ebenso profitierte der Tourismus davon, besonders die Großstädter nutzten nun die Bahn, um aufs Land zu kommen.

Familie Bernauer erkannte die Zeichen der neuen Zeit und traf mit dem Bau des Hotels die richtige Entscheidung. Im Laufe der nächsten Jahre wurde das Haus zu einer der renommiertesten Einrichtungen in Bruck.

◂ Nach der Eröffnung der Südbahn wurden alle Poststationen nach und nach aufgelassen. Der k.k. Absatz-Postmeister Johann Bernauer verlor dadurch seine Arbeit. Mit seinem Sohn Adalbert ließ er gleich in Bahnhofsnähe das „Hotel Bahnhof" und die Bahnhofsrestauration erbauen.

Die Durchzugsstraße von Kapfenberg kommend über den Minoritenplatz wurde erweitert. Die übrig gebliebenen Reste der Burg Landskron wurden abgetragen, die Steine dienten teilweise zum Ausbau der Häuser in der Stadt.

Mit der neuen Zeit gab es nicht nur technische Veränderungen, es wurden auch Umgestaltungen in der Stadt sichtbar. Nach und nach wurden Stadtmauern und Stadttore abgetragen.

Obwohl die technischen Neuerungen verstärkt genutzt wurden, gab es im Umfeld der Stadt noch immer große Flächen, die landwirtschaftlichen Zwecken dienten.

Friedrich Heinrich Otto Graf von Bellegarde erwarb 1872 das „Lichtensteingütl" außerhalb der Stadt, ließ es im Stil des Historismus erweitern und nannte es „Klein-Lichtenstein". Als Vorbild diente das Schloss Lichtenstein bei Reutlingen auf der Schwäbischen Alb. Er selbst starb 1892 im Schloss Klein-Lichtenstein auf Rügen.

Der Fortschritt brachte es mit sich, dass die Bevölkerung stetig stieg. Die medizinische Versorgung wurde durch die Eröffnung des Rudolfspitales 1887 wesentlich verbessert.

1888 wurde der „Allgemeine Spar- u. Consumverein Bruck an der Mur u. Umgebung" gegründet. Damit war es der arbeitenden Bevölkerung möglich, Güter des täglichen Bedarfs günstiger einzukaufen.

FACHSCHULE

1887 feierte die „Sparcasse" ihr 25-jähriges Bestehen. Bis 1906 waren die Diensträume im Rathaus untergebracht.

Seit 1899 besteht die Raiffeisenkassa in Bruck und diente zu dieser Zeit hauptsächlich zur Unterstützung der Landwirte und zum günstigen Einkauf von Produktionsgütern wie Saatgut und Düngemittel.

3

Geschäftsleben im neuen Jahrhundert

Zunehmende Technisierung bringt zu jeder Zeit auch demographischen Wandel mit sich, in Bruck speziell um die Wende zum 20. Jahrhundert. Blick von der Grazergasse um 1895 in Richtung Hauptplatz.

Im Zuge der allgemeinen Benennung der Straßenzüge um 1900 wurde aus der Grazergasse die heutige Roseggerstraße. Vorher waren die Häuser mit laufenden Nummern versehen.

Dieses Haus hatte bis 1900 die Bezeichnung „Hauptplatz Conscr. Nr. 29", nunmehr „Hauptplatz Nr. 10". Die evangelische Gemeinschaft als Besitzer führte hier einen Kindergarten.

Der praktische Arzt Dr. Rudolf Grillitsch erwarb das Haus im Jahr 1905, baute es um und richtete ein Sanatorium ein. Im Erdgeschoss waren eine Milchverschleißstelle und eine Schuhmacherwerkstätte untergebracht.

Das Eckhaus Mittergasse/Hauptplatz und zwei Häuser rechts am Anfang der Mittergasse waren bis zur Jahrhundertwende zweistöckig. Die bürgerliche, am Platz liegende Behausung samt Weinschankgerechtsame wurde um 1905 umgebaut.

Neben der Farracher Bierhalle betrieb Franz Gross sein Geschäft mit Waren des täglichen Haushaltsbedarfs, vornehmlich Stoffen aller Art. Besitzerin des Hauses war ab 1879 die Kunstmühlen- und Realitätenbesitzergattin Maria Till, geborene Littmann.

Maria Till ließ das Haus großzügig um- bzw. ausbauen. Am 1. September 1906 wurde das neue Hotel „Zum Goldenen Strauß" feierlich eröffnet. Insgesamt gab es 22 Zimmer mit 30 Betten. Im Erdgeschoss hatte ein Fleischhauer sein Geschäft und Franz Gross sein neues Warenhaus.

REPNIK DROGERIE
WARENHAUS
STELLA
FRANZ GR

„Mittergasse" ist eine der wenigen Straßenbezeichnungen, die bereits im 16. Jahrhundert in Urkunden als solche existiert und sich bis in die heutige Zeit erhalten hat.

Im Laufe der Jahrhunderte waren viele Handwerksbetriebe in der Mittergasse zu finden: Tischler, Feilenhauer, Schuhmacher, Fleischhacker, Goldschmiede, Lederer, Kaffeesieder und insgesamt zehn Gasthöfe.

◂ Schon wenige Jahre später übernahm Hans Repnik die Räumlichkeiten der Fleischhauerei und richtete eine Drogerie ein. Franz Gross präsentierte seine Waren in den neu gestalteten Auslagen.

CARL PICHLER VORM. JOSEF OPFERKUCH.

HLER VORMALS JOSEF OPFERKUCH
KARL PICHLER VORMALS JOSEF OPFERKUCH

◂ „Zum Gulden Fisch", „Beim Karpfenwirt" und „Beim Fasselwirt", so lauteten die Namen der Gastwirtschaft an der Ecke Mittergasse/Burggasse bis 1879, als der Handelsmann Josef Opferkuch aus Straden hier sein Geschäft eröffnete.

Mehr als 180 Jahre existierte der Name Racher in Bruck, die Familie stammte aus Oberösterreich. Georg Racher aus Vöcklabruck nahm besonderen Anteil an dem Bauernaufstand 1626 in Oberösterreich. Joseph Racher (links) und seine Ehefrau Sophia, geborene Brunegger, waren bereits die vierte Generation in Bruck.

◂ 1910 übernahm der ehemalige Gold- und Silberarbeiter Karl Pichler das Geschäft und baute die Schaufensterfront großzügig aus.

Um 1759 war Lorenz Racher Besitzer des Hauses „Am Fleck, Urbar Nr. 54", heute Minoritenplatz 4, und betrieb hier sein Geschäft mit Handelswaren aller Art.

SPEZIALITÄTEN:
RACHER'S FRANZBRANNTWEIN MIT SALZ.
RACHER'S LAUSSEIFE „LAUSOLIN."
RACHER'S RESTITUTIONS-FLUID.

INTERN. AUSSTELLUNG. PARIS 1907. GRAND PRIX UND GOLDENE MEDAILLE

TELEPHON № 45 (INTERURBAN)

POSTSPARKASSEN-KONTO 60,393

158

KRÄUTER-DESTILLERIE UND DROGERIE EN GROS

JOSEF RACHER

GEGRÜNDET 1759.

Bruck a/d. Mur, den 14. März 1911.

Herrn Franz Puchegger's Söhne, Gloggnitz.

APR 1911

In dritter Generation kam Franz Racher in den Besitz des bürgerlichen Hauses in der „Mittergasse Conscr. Nr. 98" (heute Mittergasse 28). Er war weit über die Grenzen des Landes als erfolgreicher Handelsmann tätig. 1879 übernahm sein Sohn Josef das väterliche Erbe.

Wie sein Vater führte Josef Racher die Drogerie „Zum Schwarzen Hund" erfolgreich. Als Spezialität wurde besonders mit „Racher's Lausseife Lausolin" geworben.

Bruck a. M. Mittergasse.
JOSEF RACHER
Benzin
STATION

◂ Josef Racher starb 1887, seine Frau Sophia wurde Alleinbesitzerin und heiratete noch im selben Jahr den Tabakhauptverleger Hermann Smrczek. In den 1910er-Jahren gab es bei der Drogerie auch eine eigene Benzin- und Ölstation.

Neben der Drogerie der Familie Racher gab es in der Mittergasse eine weitere Drogerie, die „Medizinal-Drogerie Zum Goldenen Kreuz" in der Mittergasse 15. Von 1912 bis 1922 führte sie Ernst Wagner.

◂ 1851 erwarb Franz Racher das zum „Schwarzen Adler" gehörende Stall- und Kellergebäude am Minoritenplatz. Im Jahr 1934 befand sich dieses Objekt noch im Eigentum der Familie Racher.

Im Jahr 1922 übernahm Leopold Roesch die Drogerie von Ernst Wagner und erweiterte sie um eine „Photohandlung".

1927 entschloss sich Herr Roesch, die Drogerie umzubauen.

Sowohl der Innenbereich als auch die Außenfassade wurden in wenigen Monaten komplett renoviert.

RAIMUND GIGLE
ALLG-ALPINE-BAU-A-G

PAVO
SEIFENFLOCKEN
PAVO
SEIFENFLOCKEN
MONOPOL

◂ Die Fassade und der Schaufensterbereich wurden nach modernen Gesichtspunkten großzügig umgestaltet.

Schon nach wenigen Wochen war der Umbau abgeschlossen und Leopold Roesch posierte stolz vor dem Eingang seiner Drogerie und „Photozentrale".

◂ Trotz Umbaus ging der Geschäftsbetrieb weiter, wenn auch nur in eingeschränkter Weise.

Finanzielle Schwierigkeiten veranlassten Herrn Roesch, seine Drogerie zum Kauf anzubieten. Der aus Guntramsdorf bei Wien stammende gelernte Drogist Hans Alexander Remele (hier abgebildet) kaufte die Drogerie „Zum Goldenen Kreuz".

Wenige Wochen nach Übernahme und Umgestaltung des Betriebes eröffnete Herr Remele mit Stolz seine eigene Drogerie.

Mit viel Erfolg konnte Hans A. Remele die Drogerie während der Zeit des Zweiten Weltkrieges weiterführen. Mitte der 1950er-Jahre wurde besonders der Schaufensterbereich nach modernen Gesichtspunkten um- und neu gestaltet.

Im Laufe der Jahre veränderte sich die Schaufenstergestaltung zusehends, sie wurde stets dem Zeitgeist angepasst.

Schließlich entschlossen sich Hans und Kurt Remele zu einem entscheidenden Schritt, nämlich dem Abbruch des Hauses Mittergasse 15 und einem kompletten Neubau.

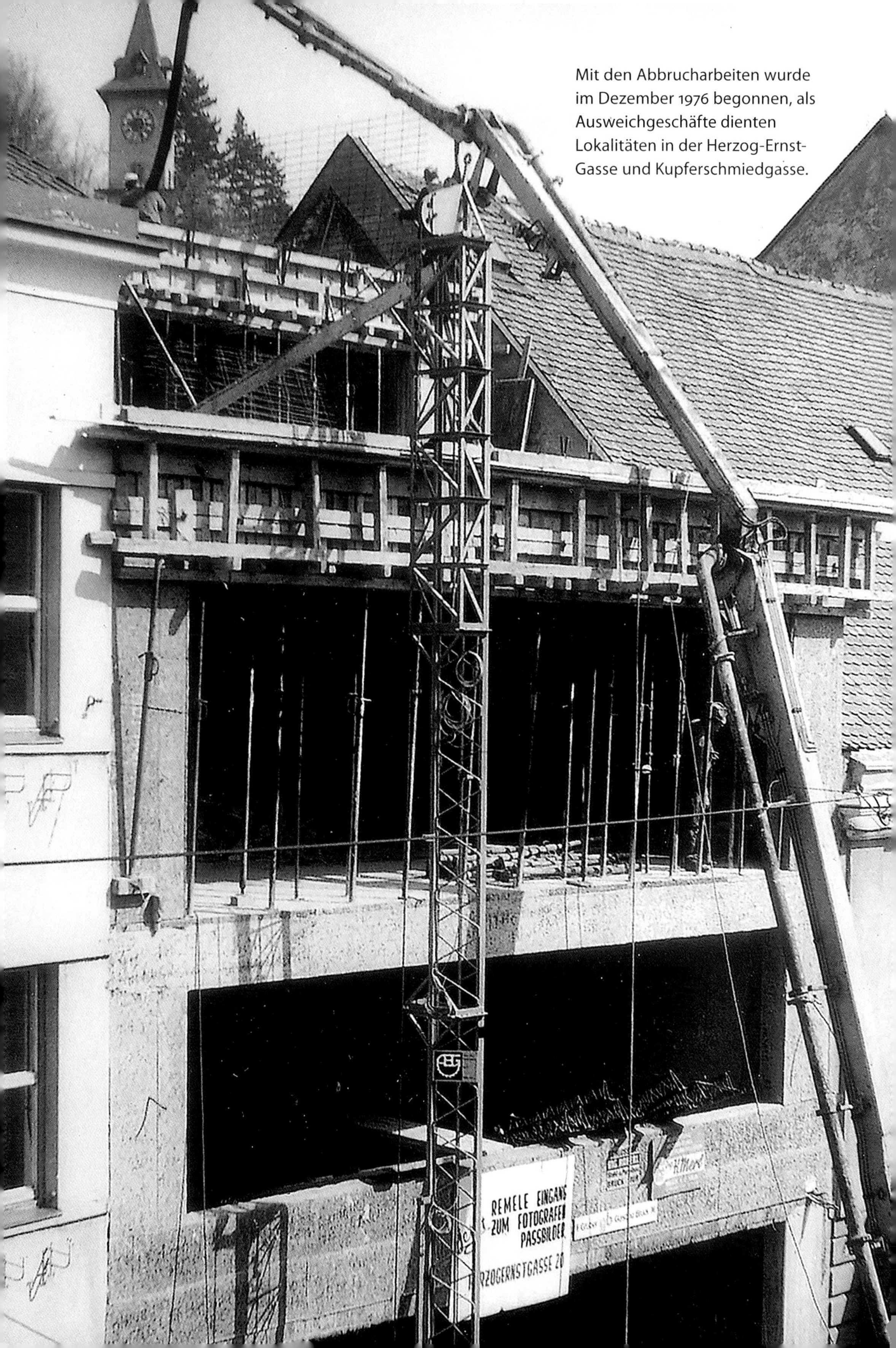

Mit den Abbrucharbeiten wurde im Dezember 1976 begonnen, als Ausweichgeschäfte dienten Lokalitäten in der Herzog-Ernst-Gasse und Kupferschmiedgasse.

Ebenso wurde der Verkaufsraum der ehemaligen Drogerie Racher genützt, die bereits seit 1936 im Besitz der Familie Remele war.

Im Oktober 1977 war der komplette Neubau abgeschlossen und sowohl die Drogerie als auch das Fotofachgeschäft präsentierten sich im Stil der 1970er-Jahre.

Als Bäckermeister Gottfried Frisee das Haus in der Mittergasse 16 im Jahr 1902 von seiner Mutter kaufte, verpachtete er das Lokal an Alois Weiss, der hier seine „Conditorei" betrieb. Frisee selbst führte seine Bäckerei in der Mittergasse 18.

Der Zuckerbäcker und Lebzelter Karl Hanecker kaufte im Jahr 1926 das Haus in der Mittergasse 16. Zu dieser Zeit ahnte er noch nicht, dass es bei den Februarkämpfen 1934 arg in Mitleidenschaft gezogen werden würde.

Zu Beginn der 1950er-Jahre übernahm das aus Bad Ischl stammende Ehepaar Augustine und Franz Fuchs die Konditorei und wurde bald bekannt für seine ausgezeichneten Tortenkreationen. Hier ist Franz Fuchs (links) mit einem Lehrling beim Präsentieren von Torten zu sehen.

Bedingt durch einen tragischen Schicksalsschlag übernahm die Tochter Siglinde bereits in jungen Jahren das Café und die Konditorei.

Mit viel Engagement führte sie den elterlichen Betrieb in der folgenden Zeit weiter und konnte die „süße Stätte" in wenigen Jahren auf modernste Art ausbauen.

1919 erwarb Ludwig Kohlbeck in der „Mittergasse Conscr. Nr. 108" (Ecke Burggasse) von seinem Vater eine kleine Feilen- und Eisenhandlung. Sein Nachfolger Franz Hofer erweiterte das Sortiment auch auf Seiler- und Holzwaren sowie Guss- und Emailgeschirr.

1924 wurde der Kaufmann Josef Knottinger Besitzer des Hauses in der Mittergasse 19. Jahrzehntelang war das Kaufhaus Knottinger & Schnizer die beste Einkaufsmöglichkeit für Haushaltswaren und Bekleidung. Als passionierter Jäger bot Knottinger auch das eine oder andere Jagdglück im Schaufenster zum Verkauf an.

A. Lindmayer, Bru
Sport-, Spiel-, Galanterie- unc
OL. 9.37

Ob Puppen oder Teddybär, Matador oder Spielzeugeisenbahn, als Emma Lindmayer und ihr Sohn Anton das Spielwarengeschäft von Karl Pichler im Jahr 1930 erwarben, ließ die Auslage so manches Kinderherz höherschlagen.

„Zum Guldenen Stern" hieß es bereits 1785, als Johann Neubauer Besitzer des Hauses in der Mittergasse 21 war. Er betrieb hier seine Fleischhauerei und Selcherei, daneben angeschlossen war ein Wirtshaus, das für seine bodenständige Küche bekannt war. Um 1911 wurde das Ehepaar Maria und Johann Brand Besitzer der Fleischhauerei und des Gasthofes.

„Heute Sautanz" hieß es oftmals bei den allseits bekannten Wirtsleuten Ferdl und Dora Mandlbauer im Gasthof „Zur Sonne" in der Mittergasse 7.

Obwohl in den Nachkriegsjahren große Armut herrschte, wurde mit Aufbauprogrammen versucht, die Wirtschaft in normale Bahnen zu lenken. Brucker und obersteirische Handelsbetriebe organisierten für Anfang Dezember 1948 die erste gewerbliche Weihnachtsausstellung.

„Diese Weihnachtsausstellung ist ein mutiges Beginnen", so Bürgermeister August Hahn. Stand Nr. 10 – Lenhardt's Witwe & Sohn: Sportartikel, Herren- und Damenkonfektion sowie Küchenwaren.

Stand Nr. 25: Qualitätserzeugnisse aus dem Möbelbaus Peter Übleis in der Herzog-Ernst-Gasse 7.

4

Wie es einmal war

Die Werkstätte von Quirin Miesenböck für Nähmaschinen, Fahrräder und Kleinmotorräder an der Ecke Minoritenplatz/Herzog-Ernst-Gasse war jahrzehntelang der Anlaufpunkt, wenn es um Reparaturen ging.

Besonders technisches Spielzeug hatte Alfred Miesenböck in seiner „Spielwarenecke" im Haus in der Herzog-Ernst-Gasse 37 zu bieten.

Und war man aus dem Spielzeugalter heraus, pries er in einem Ausstellungsraum Spielzeuge für die Großen an. Ein eigenes Rennrad oder gar eine Puch 150 TL blieben für viele Jugendliche auch Jahre nach dem Krieg nur ein Wunschtraum.

Wegen Baufälligkeit musste das Haus in der Herzog-Ernst-Gasse abgetragen werden.

Die Stadtgemeinde nützte die Gelegenheit, erwarb die Bauparzelle und errichtete ein neues Geschäfts- und Wohngebäude. Dadurch erfuhr die Herzog-Ernst-Gasse eine wesentliche Verbreiterung.

„Volkswarenhaus zur großen Billigkeit", mit dieser Bezeichnung warb Paula Scheck zu Beginn der 1930er-Jahre für ihr Geschäft in der Wienergasse 19 (heute Herzog-Ernst-Gasse).

Gleich daneben betrieb Ferdinand Zwettler seine Delikatessen- und Spezereiwarenhandlung.

1938 übernahm der aus dem oberen Murtal stammende Karl Kocher zusammen mit seiner Gattin das Geschäft von Paula Scheck und richtete hier ein Bekleidungsgeschäft ein.

Schon nach wenigen Jahren übersiedelte die Familie Kocher in ein gegenüberliegendes Geschäftslokal in der Herzog-Ernst-Gasse, das damals im Besitz der Familie Harger war.

Karl Kocher war stets bemüht, das Warenangebot von der besten Seite zu präsentieren, und bot seinen Kunden Bekleidung in exzellenter Qualität.

Die Familie Kocher war nicht nur Mitglied in Wohltätigkeitsvereinen, sondern lud jedes Jahr vor Weihnachten bedürftige Kinder in ihr Geschäft ein, um diese komplett neu einzukleiden. Ihr Lohn waren strahlende Kinderaugen.

Die Familie Zwettler betrieb jahrzehntelang ihr Delikatessengeschäft in der Herzog-Ernst-Gasse.

◂ Neben einem Bekleidungsgeschäft für Damen und Herren existiert an der Ecke Burggasse/Herzog-Ernst-Gasse ein eigenes Schuhgeschäft.

Die Fischhalle des Ferdinand Zwettler war schon in den 1930er-Jahren für viele das Fachgeschäft für guten Fisch. „1 Dose Sardinen 35 Groschen, 3 Dosen 1 Schilling".

„Zwettler Fisch auf jeden Tisch", mit diesem Slogan wurde besonders in der Weihnachtszeit erfolgreich um die Kunden geworben.

Alles, was das Herz begehrt, besonders Süßigkeiten, gab es im Angebot der Süßwarenhandlung Fluch am Koloman-Wallisch-Platz. Manch „braves Kind" bestaunte schon vor dem 6. Dezember täglich die Auslagen mit den köstlichen Schokowaren.

CHERI
Pocket Coffee
MON CHERI
Ballantine's
Ballantine's
MON CHERI
Bunte Lebkuchen-Mischung
Bunte Lebkuchen-Mischung
Bunte Lebkuchen-Mischung
walde
LEBKUCHEN ALLERLEI
walde
LEBKUCHEN ALLERLEI
walde
LEBKUCHEN ALLERLEI

Speziell zur Weihnachtszeit dekorierte man die Auslagen besonders einladend, um das vielfältige Warenangebot zu präsentieren.

Weihnachten war für jeden Kaufmann stets Gelegenheit, Auslagen und Geschäft attraktiv zu gestalten. Hier eine Aufnahme der Innengestaltung im Konsum Goethestraße aus dem Jahr 1954.

◂ Wenige Jahre nach dem Zweiten Weltkrieg wurde neben dem Feinkostgeschäft ein Süßwaren-Großhandel betrieben. Zu Wochenbeginn ging es mit einem Hanomag nach Wien zu den führenden Süßwarenherstellern, um Geschäfte der Obersteiermark unter der Woche mit den bestellten Waren zu beliefern.

Seit der Gründung des ersten Consumvereines in Bruck 1888 wurden bis zum Beginn des Zweiten Weltkrieges insgesamt sechs Filialen im Stadtgebiet errichtet. Hier die Filiale in der Goethestraße.

Feste und Geburtstage waren oftmals Anlass für die Geschäftsführung, diese Tage mit der ganzen Belegschaft zu feiern.

Der Bedarf an Papier- und Büroartikeln stieg zu Beginn der 1960er-Jahre stetig an, auch die Nachfrage an gehobener Literatur nahm zu.

Mitte der 1950er-Jahre trug die Familie Höller diesem Mehrbedarf Rechnung und führte das Fachgeschäft eines österreichischen Verlages an der Ecke Herzog-Ernst-Gasse/Minoritenplatz.

Durch einen glücklichen Zufall bot sich nach einigen Jahren ein wesentlich größeres Verkaufsgeschäft in der Burggasse mit zwei Etagen an. 1982 kaufte das Ehepaar Höller die Buchhandlung.

Blick vom Schlossberg auf den Minoritenplatz und die Grazer Straße. Die Betonbrücke über die Mur war am 6. Oktober 1929 feierlich von Handelsminister Dr. Hainisch eröffnet worden. ▸

BRUCK a/d. M.

LAGERKELLER

Um die vielen Gastwirte und Gemischtwarenhändler stets mit frischem Bier zu versorgen, hatten heimische Bierbrauereien eigene Niederlagen in den größeren Städten. In der Grazer Straße befand sich jahrzehntelang die Gösser Bierniederlage. Sogar ein eigener Wasserteich wurde bewirtschaftet, um Gastwirte im Winter mit Eis für ihre Keller zu beliefern.

Auch Reininghaus Puntigamer besaß eine eigene Bierniederlage am Schiffertor. Der ehemalige Keller wird heute als Tiefgarage genutzt.

Bevor sich die großen Handelsketten in den Städten etablierten, wurde das Stadtbild von vielen kleineren Gemischtwarenhandlungen geprägt, so auch in der Erzherzog-Johann-Gasse. In den 1930er-Jahren von der Familie Förster geführt, war dieses Geschäft bis Ende des letzten Jahrhunderts im Besitz der Familie Winter.

Die Gemischtwarenhandlungen wurden besonders von jenen Kunden geschätzt, die einen Einpersonenhaushalt führten und Obst, Gemüse sowie Wurstwaren in kleinen Mengen benötigten.

1946 gründete Johann Binder eine Auto- und Motorradreparaturwerkstätte in der Schiffländ. Zehn Jahre später übersiedelte er mit seinem Betrieb in die Grazer Straße.

Das Autohaus Binder im Jahr 1968, neben der Ausstellungshalle und der Reparaturwerkstätte befand sich eine moderne Tankstelle mit Bedienung.

◂ Blick auf die Huf- und Wagenschmiede Hofbauer in der Wiener Straße in Berndorf im Jahr 1961.

„Wella-Dauerwellen von 10 bis 13 Schilling. In zwei Stunden fix und fertig und sechs Monate Garantie". Mit diesem Slogan warb der Damensalon von Gottlieb Postl um die Kundinnen in Bruck.

Von Eisenwaren jeglicher Art bis zum modernsten Kochtopf, auch Farben und Lacke, nicht nur für Profis, waren bis Ende der 1980er-Jahre bei Eduard Szabo in der Mittergasse erhältlich.

Noch in den 1960er-Jahren befindet sich das Ortsende von Bruck vor der Leobnerbrücke.

Mit diesem Bild endet meine Reise in die Vergangenheit, eine Reise, die ich im Jahr 1999 mit meinem ersten Buch „Bruck an der Mur“ begonnen habe und im Jahr 2021 mit meinem fünften Buch abschließe.

5

Der Praktikant

Drei Jahre ist er nun schon Praktikant der „Herr Fritz", wie ihn die Kunden für gewöhnlich rufen. Am 14. August 1905 begann er seine Lehre als kaufmännischer Praktikant bei der Specereiwarenhandlung Lassenberger & Neureiter am Minoritenplatz. Außer dem Fritz sind in der Firma noch vier Kommis, zwei Lehrlinge und ein Kutscher beschäftigt. Der Grund, dass Fritz nicht als Lehrling bezeichnet wird, ist, dass sein Vater, ein verwandter Cousin des Herrn Lassenberger, im Monat 25 Kronen als Lehrgeld bezahlt. Außerdem beträgt die Praktikantenzeit drei Jahre, hingegen die Lehrzeit der beiden Lehrlinge Karl und Sepp vier Jahre. Für alle muss aber der Lehrherr Kost und Quartier zur Verfügung stellen.

Viel hat er nun schon gelernt der Fritz in den letzten beiden Jahren, er darf sogar schon im Kundenraum bedienen. Zu Beginn seiner Praktikantenzeit war es für ihn nicht immer leicht, muss er doch schon vor sechs Uhr in der Früh im Geschäft sein und erst nach acht Uhr abends wird zugesperrt. Auch an Sonn- und Feiertagen ist das Geschäft von sieben Uhr bis mittags um zwölf und von ein Uhr bis drei Uhr nachmittags geöffnet. Das Erste, was Fritz gelernt hat, ist das Geschäft auskehren, Petroleumlampen putzen – im Geschäft gibt es noch Petroleumbeleuchtung – und Stanitzel drehen. Hauptsächlich Gewürze werden in handgedrehten Stanitzeln abgepackt. Fertig verpackt werden nur feine Teesorten geliefert, alle anderen Spezereiwaren müssen erst abgepackt werden. Würfelzucker gibt es in Kartons zu fünf Kilo und in Kisten zu 50 Kilo. Auch wird „Brodware" verkauft, Kleinbrode zu genau fünf Kilo und Großbrode im Gewicht von 10 bis 12 Kilo. Brode haben die Form einer runden Pyramide, außen in dickes schwarzes oder blaues Papier verpackt und mit Spagat verschnürt. Nur die Großbrode werden aufgeschlagen und in blaues Papier verpackt. Die Spitze des Brodes, die etwa drei Kilo wiegt, wird nur im Ganzen verkauft. Sie ist der begehrteste Teil bei den Kunden, angeblich sogar der süßeste Teil des Zuckerhutes, und wird vorwiegend von Bauern gekauft.

Eine Arbeit kann Fritz aber überhaupt nicht leiden, es ist das Putzen von Sultaninen und Korinthen, die in fest zusammengepressten Jutesäcken zu 30 Kilo unentstielt geliefert werden. Besonders vor den Weihnachtsfeiertagen, aber auch vor Allerheiligen und Ostern werden sehr viele Weinbeeren gekauft. Die gepressten Rosinen muss man mit der Hand zerteilen, dann in ein großes Holzraiter geben und darin schwenken, damit die Stiele durchfallen können. Ist die Ware oft noch schmutzig, muss sie auch gewaschen und getrocknet werden. Nach dem Putzen sind die Hände sehr klebrig, dass man sie fast auskochen muss. Aber da hat Fritz schon vorgesorgt, wenn eine größere Lieferung von Weinbeeren angesagt ist, muss er unbedingt noch die Gewürze verpacken, Sepp und Karl sind dann wieder die Leidtragenden. Da hat der Herr Praktikant das Kaffeerösten viel lieber. Denn im Geschäft ist auch eine Niederlage des Julius-Meinl-Kaffee-Magazins in Wien angeschlossen. Je nach Sorte und Herkunftsland wird Kaffee in Originalsäcken zu 50 oder 60 Kilo geliefert. Das Kaffeerösten ist eine ganz heikle Sache, hat

Bereits um 1700 wurde ein Nagelschmied Besitzer des Hauses „Am Fleck, Urbar Nr. 50". Um 1904 erbten die Dampfbrauereibesitzergattin Maria Lochs und ihre beiden Schwestern das Haus von ihrer Mutter Antonia Steininger. Zu dieser Zeit war im Haus Minoritenplatz 5 (heute Herzog-Ernst-Gasse 28) das Specereiwarengeschäft Lassenberger & Neureiter untergebracht.

doch jede Sorte eine andere Röstzeit. Der Röstofen steht im Hinterhof im Freien und da ist Fritz alleine, er ist Herr über den ganzen Kaffee, der im Geschäft verkauft wird. Der Ofen hat die Form eines Futterdämpfers, ist jedoch etwas höher und anstelle des Kessels ist eine Kugel. Diese Kugel hat innen vier Flügel, sodass die Kaffeebohnen immer mitgedreht werden und so nie am Boden der Kugel liegen bleiben können. Ungefähr eine halbe Stunde, je nach Sorte, muss die Kugel mit einer Kurbel gedreht werden, bis die Bohnen fertig geröstet sind. Die Welle, auf der die Brennerkugel im Ofen aufgehängt ist, besteht aus einem Rohr. In diesem befindet sich der Probezieher, der eine längliche Öffnung hat, in die während des Brennens die gerösteten Bohnen fallen. Damit kann von Zeit zu Zeit der Röstgrad kontrolliert werden. Obwohl Fritz das Kaffeerösten schon ganz gut versteht, kommt Herr Lassenberger stets kontrollieren und raucht sich dabei ganz zufrieden eine Zigarre an. Muss für eine besonders heikle Kundschaft geröstet werden und es fällt zur Zufriedenheit des Chefs aus, bekommt Fritz öfters einen Kreuzer zugesteckt. Diese werden von ihm sorgsam verwahrt, bis er sich endlich seinen Wunschtraum erfüllen kann. Er möchte sich nämlich ein modernes Bicycle kaufen und dem B.B.C. beitreten, der nun schon seit 25 Jahren in Bruck an der Mur besteht.

Es ist heute spät geworden, das Geschäft ist schon zugesperrt, als Fritz zum Herrn Chef ins Kontor gerufen wird. „Heute ist es genau drei Jahre her, dass du bei mir als Praktikant begonnen hast. Ich habe dir ein Lehrzeugnis ausgestellt, du bist hiermit freigesprochen, Du bist nun Kommis. Von nun an bekommst du ein monatliches Salär von 50 Kronen, mit freier Kost und freiem Quartier. Bleibe auch als Kommis so brav und fleißig, wie du als Praktikant warst. Du kannst noch ein Jahr bei mir bleiben. Ist dir das recht?"

„Bitte ja, Herr Chef", antwortet Fritz und ist stolz, dass er nun auch Kommis ist.

Friedrich F. Zwitkovits

Danksagung

Seit Beginn meiner Sammeltätigkeit von historischen Bildern unserer Stadt kamen kontinuierlich Fotografien und Ansichtskarten mit Bezug zu Handel und Gewerbe hinzu. Teilweise habe ich versucht, diese in den vier bisher erschienenen Büchern zu verarbeiten. Mein Vorhaben, die Geschäftswelt in einem eigenen Buch zu dokumentieren, geht nun in Erfüllung. Besonderer Dank gilt Frau „Christl" Leskovar für die Einsicht in die Geschichte der Firma Miesenböck, Frau Christa Herz für die Bilder der Firma Kleider Kocher, Kommerzialrat Kurt Remele für die Bilder der Drogerie und des Fotogeschäfts Hans A. Remele, Frau Dr. Ursula Schwarz für die interessante Geschichte der Bäckerei Sauruk am Minoritenplatz und Ing. Michael Ritter für seine zahlreichen Recherchen und Hinweise zur Geschäftswelt in Bruck. Nicht minder gedankt sei allen Personen, die Bildmaterial zur Verfügung gestellt haben, damit dieses Buch so werden konnte, wie es nun vor Ihnen liegt.

Bildnachweis

Hans Binder (Bruck an der Mur): Seite 115;
Annemarie Fruhmann (Turnau): Seite 113;
Daniel Frühwirt (Bruck an der Mur): Seite 105, 106;
Ferdinand Hauer (Bruck an der Mur): Seite 7;
Ingeborg Höller (Bruck an der Mur): Seite 107, 108;
Christa Herz (Hackerberg): Seite 97 o, 98–100;
Ernst Janu (Bruck an der Mur): Seite 116 u;
Doris Lehner (Bruck an der Mur): Seite 116 o;
Alexandra Leskovar (Bruck an der Mur): Seite 93 u, 94–96;
Edith Mader (Bruck an der Mur): Seite 50 u;
Rupert Pinter (Bruck an der Mur): Seite 103, 104;
KR Kurt Remele (Bruck an der Mur): Seite 73, 78–82;
Ing. Michael Ritter (Bruck an der Mur): Seite 25, 26;
Siglinde Schloffer (Bruck an der Mur): Seite 84, 85, 86 o;
Dr. Ursula Schwarz (Bruck an der Mur): Seite 28 u, Einband-Rückseite;
Helga Stocker (Kapfenberg): Seite 114;
Ferdinand Zwettler (Bruck an der Mur): Seite 97 u, 101, 102;
Alle weiteren Bilder: Fotoarchiv und Heimatsammlung Friedrich F. Zwitkovits, Foto Josef Hlavac: Seite 50 o, Foto Heidelore Grundner: Titelbild.